Zaray Losada
Idelsi Ramírez Roque
Edilberto Batista

Programma di innovazione agricola locale nel comune di Venezuela

Zaray Losada
Idelsi Ramírez Roque
Edilberto Batista

Programma di innovazione agricola locale nel comune di Venezuela

ScienciaScripts

This book is a translation from the original published under ISBN 978-620-0-05645-0.

Publisher:
Sciencia Scripts
is a trademark of
Dodo Books Indian Ocean Ltd. and OmniScriptum S.R.L publishing group

120 High Road, East Finchley, London, N2 9ED, United Kingdom
Str. Armeneasca 28/1, office 1, Chisinau MD-2012, Republic of Moldova, Europe
Printed at: see last page
ISBN: 978-620-7-39512-5

INDICE DEI CONTENUTI

SINTESI

Nel contesto agricolo del comune di Venezuela si realizzano le innovazioni che caratterizzano la località, tuttavia si ritiene necessario implementare un Sistema Locale di Innovazione Agricola, che permetta la partecipazione logica e coerente di tutti gli attori del territorio per promuovere lo sviluppo. Per risolvere il problema, si propone il seguente problema scientifico: ^Come implementare il Sistema Locale di Innovazione Agricola nel comune di Venezuela? Individuando come obiettivo generale: proporre un programma di sviluppo agricolo locale che valorizzi l'articolazione degli attori per l'implementazione del SIAL, in modo da incidere sulla qualità della vita della popolazione venezuelana.

L'applicazione di diversi strumenti e la consultazione di esperti hanno permesso di identificare i limiti e le potenzialità del contesto agricolo e la sua influenza sui sistemi di innovazione; di conseguenza, sono stati progettati un programma di sviluppo locale e un piano d'azione multi-stakeholder, volti a risolvere le principali sfide del territorio in relazione alle basi produttive selezionate. Sia il programma che il piano d'azione assumono come principi l'orizzontalità, l'equità, l'inclusione sociale e la partecipazione.

INTRODUZIONE

Cuba sta attuando il Modello Economico e Sociale di Sviluppo Socialista. Proposta di visione della nazione, assi e settori strategici. Piano Nazionale fino al 2030, basato sull'approvazione delle Linee Guida della Politica Economica e Sociale Cubana durante il VI Congresso del Partito Comunista, tenutosi nell'aprile 2011: in cui viene attribuito un ruolo rilevante ai governi locali, come protagonisti attivi e gestori del proprio sviluppo, che richiede un più alto livello di articolazione tra gli agenti del cambiamento per la gestione integrata della conoscenza, in modo da realizzare importanti trasformazioni endogene che promuovano lo sviluppo locale.

Nel caso particolare del settore agricolo, vengono proposte direttive volte a trasformare la situazione attuale per garantire la sicurezza alimentare e raggiungere un maggior grado di sovranità alimentare, cercando di sostituire le importazioni in tutte le aree con potenziale di sviluppo. Le linee guida (177, 178, 179, 180, 181, 182 e 183) sono orientate in questa direzione.

Questo complesso processo richiede la preparazione dei funzionari pubblici, degli specialisti e degli attori locali per l'assimilazione e la corretta esecuzione dei compiti, dove il rafforzamento delle capacità prima dell'attuazione è un aspetto essenziale e decisivo. In linea con quanto detto sopra, la linea guida 200 afferma: "Sviluppare un sistema di formazione completo in conformità con i cambiamenti strutturali, finalizzato alla formazione e alla riqualificazione dei dirigenti e dei lavoratori in agronomia, veterinaria, tecnologia industriale e alimentare, economia, amministrazione e gestione, compresi gli aspetti legati alla gestione cooperativa e ambientale".Linee guida della politica economica e sociale del Partito e della Rivoluzione (2011), 26-28.

Considerando la rilevanza del settore agroindustriale nell'aggiornamento del modello economico sociale cubano, non solo per il suo impatto sui consumi e sulla qualità della vita della popolazione, ma anche per la generazione di occupazione e il reddito che ne deriva; nella bilancia dei pagamenti e nell'articolazione con altri settori dell'economia, attraverso le diverse filiere produttive, che influenza lo sviluppo locale attraverso le sue ripercussioni sulla performance economica del comune.

L'agricoltura nel territorio si è sviluppata come un processo continuo, che si è sviluppato in base alle tendenze tecnologiche, economiche e sociali delle diverse epoche che si sono susseguite. Nella maggior parte dei dibattiti sull'agricoltura e sulla ruralità a livello territoriale, nazionale e internazionale, si conclude che l'agricoltura è in crisi, soprattutto a causa degli impatti negativi e della forte dipendenza da pesticidi, fertilizzanti e macchine agricole di sintesi, tra le altre cause (Altieri, 1994).Tuttavia, in molti luoghi esistono esperienze che dimostrano che è possibile ottenere una produzione agricola attraverso sistemi sostenibili, a patto che vengano coinvolti agricoltori e tecnici o divulgatori (Vazquez et al., 2004), 2004) e questa è stata la grande sfida per i centri scientifici in generale e per la municipalità del Venezuela in particolare.

L'agricoltura sostenibile è diventata il nuovo paradigma per molti Paesi della regione latinoamericana, per Cuba e per la municipalità del Venezuela in particolare, poiché la sua rilevanza è stata argomentata e accettata per le condizioni biofisiche e socio-economiche dei sistemi agricoli predominanti, dove l'agricoltura intensiva ha fallito.

Pertanto, si ritiene che per promuovere lo sviluppo agroalimentare nella municipalità del Venezuela, le risorse umane debbano essere preparate individualmente e collettivamente con una concezione agroecologica per lo sviluppo sostenibile e un'attenzione all'equità sociale che generi processi di apprendimento interattivi in cui sia incoraggiato il dialogo tra il sapere scientifico e quello contadino.

Ciò presuppone lo sviluppo di competenze sociali, tecniche, tecnologiche e metodologiche che favoriscano lo scambio di esperienze, il che richiede un programma che doti i partecipanti di competenze per la costruzione collettiva di proposte, la comunicazione orizzontale e l'attuazione di metodi partecipativi per lo scambio di conoscenze e buone pratiche (Romero et al., 2017).

Le affermazioni degli autori citati rafforzano la necessità di implementare un Sistema Locale di Innovazione Agricola nella municipalità del Venezuela, considerato come una (... proposta che intende la gestione partecipativa dell'innovazione e dello sviluppo a livello territoriale. Ciò è supportato dalla formazione di persone che facilitino la moltiplicazione di questa conoscenza nei contesti in cui agiscono, dall'implementazione di un modello economico decentralizzato che pone i comuni come protagonisti delle loro strategie di sviluppo" (Romero et al., 2017).

Ciò richiede la creazione di capacità negli attori locali attraverso la sistematizzazione delle esperienze in cicli di apprendimento orientati a imparare a partecipare, a modificare i concetti, a smontare le premesse e a dare loro un significato, applicandole a nuove pratiche nella ricerca di soluzioni in modo creativo. Risultati che possono essere raggiunti con l'implementazione del Sistema Locale di Innovazione Agricola (SIAL).

Il SIAL non è una ricetta, ma uno strumento di lavoro che si caratterizza per la gestione della conoscenza e lo sviluppo dell'innovazione agricola locale nel settore agricolo.

comuni, con attributi di orizzontalità e partecipazione.

Figura I. Sistema locale di innovazione agricola. Tratto dai testi di supporto al Corso di Diploma per l'implementazione della IFL.

La figura rappresenta le interrelazioni del Sistema Locale di Innovazione Agricola. La prima figura si riferisce all'organizzazione sociale dell'innovazione: spazi creati dal sistema e tipi di attori coinvolti. Qui si evidenziano i gruppi di innovazione agricola locale (persone con interessi comuni) e le piattaforme multi-stakeholder (spazi di concertazione tra persone e autorità interessate e coinvolte).

Il secondo rappresenta i cicli di gestione dell'innovazione locale. Esperienze pratiche sistematizzate attraverso le quali è possibile sviluppare processi di action learning. È un quadro di riferimento per l'azione. In cui è necessario tenere conto della necessità di motivare e organizzare grandi gruppi di persone e di cercare gli strumenti necessari e sufficienti per realizzare un'azione collettiva per la gestione della conoscenza in funzione dei loro obiettivi di sviluppo e della socializzazione di ogni esperienza.

Infine, ma non meno importante, fa riferimento alla cultura partecipativa. Qui è importante sottolineare che gli spazi e i riferimenti per l'azione forniti dalla SIAL non sono sufficienti; è necessario imparare a partecipare, per mettere in pratica i principi di orizzontalità, equità e inclusione sociale.

Questa concezione del SIAL rivela la necessità di attuare un programma di sviluppo locale nel comune venezuelano, che si distingue per un approccio integrale, con dimensioni economiche, produttive, ambientali e socioculturali, che si adatta alle condizioni del contesto agricolo e che porta le persone che lo attuano a sviluppare l'apprendimento in azione, con la partecipazione, la motivazione e l'interazione per risolvere i problemi dalla collettività.

Alla luce di quanto sopra, è necessario creare le condizioni che rendano possibile l'articolazione sistematica logica e coerente tra gli attori nel contesto dello sviluppo del comune di Venezuela. Alla luce di questo problema, è necessario risolvere il seguente **problema scientifico**: "Come implementare il SIAL nel comune del Venezuela", il cui **obiettivo generale è:** proporre un programma di sviluppo agricolo locale che valorizzi l'articolazione degli attori per l'implementazione del SIAL, in modo tale che abbia un impatto sulla qualità della vita della popolazione venezuelana.

Obiettivi specifici:

1 Caratterizzare il processo agricolo nel comune di Venezuela, nella provincia di Ciego de Avila.

2 Caratterizzare il contesto dell'innovazione a livello locale nella municipalità del Venezuela.

3 Elaborare il programma di sviluppo agricolo locale, che rafforzi l'articolazione degli attori per l'attuazione del SIAL, in modo che abbia un impatto sulla qualità della vita della popolazione venezuelana.

La metodologia utilizzata si basa sui presupposti della ricerca qualitativa a partire dalle premesse di un approccio misto e il campione utilizzato è stato di tipo mirato, composto da 62 attori: tre del Governo Locale, sei della Delegazione Comunale dell'Agricoltura, tre del Centro Universitario Comunale, 50 membri delle Unità Produttive, tra cui 20 donne.

Gruppi di discussione con attori locali del governo, della CUM, del settore produttivo, campionamento, applicazione e tabulazione di strumenti (interviste a donne, giovani, interviste a produttori) sono stati utilizzati per corroborare lo stato reale del contesto produttivo e innovativo del comune.

Per l'elaborazione delle informazioni e l'analisi dei dati di natura quantitativa è stata utilizzata l'analisi statistica registrata nell'Ufficio Nazionale di Statistica (ONEI) e nel Censimento dei terreni della Delegazione Provinciale dell'Agricoltura di Ciego de Avila.

Il contributo pratico è il programma di sviluppo agricolo locale per l'attuazione del SIAL nel comune di Venezuela. Si presume che il comune abbia le condizioni per attuare il SIAL, in quanto la sua base produttiva è agricola, ha imprese locali e innovazioni che favoriscono la cultura dello sviluppo in esso, c'è la volontà negli attori locali di trasformare la situazione attuale, così come le capacità create e le risorse naturali ed economiche e i macchinari necessari per promuovere lo sviluppo.

Capitolo 1

CARATTERIZZAZIONE DEL CONTESTO AGRICOLO LOCALE

Questo capitolo descrive la situazione attuale del contesto agricolo nel comune di Venezuela, sottolineando la struttura del territorio per consigli popolari, le basi produttive, la composizione della popolazione e delle risorse lavorative e le caratteristiche del sistema di innovazione a livello locale.

1.1 Contesto agricolo locale.

Il comune di Venezuela è eminentemente agricolo, con una predominanza di canna da zucchero, varie colture e pascoli naturali utilizzati per l'allevamento. Nell'area non agricola l'uso predominante è la silvicoltura e l'area occupata da zone umide. Nel 2017 il bilancio delle superfici ha presentato le seguenti caratteristiche: la superficie agricola rappresenta il 60% del totale, mentre il 40% è non agricolo. Il 55% della superficie agricola è occupato da colture temporanee, il 17% da colture permanenti, il 28% da bestiame, il 16% da aree libere, il 45% da terreni inattivi e l'85% da marabù.

La proprietà fondiaria è concentrata in tre settori: statale, cooperativo e privato. Nel periodo 2008-2014, la produzione agricola del comune ha subito una contrazione, anche se nel 2012 ha iniziato a crescere in modo significativo grazie all'impatto del progetto endogeno binazionale Cuba-Venezuela. Questo progetto è durato dal 2007 al 2016. Negli anni valutati, la produzione totale aumenta di oltre 18 mila tonnellate, con un impatto significativo sul totale.

Tabella 1. Mostra l'aumento dei rendimenti nell'agricoltura non canina.

Produzioni	2008	2010	2012	2014	2016	2017
Verdure	1400	2200	1694,5	10601,0	12753,5	8617,2
Totale cereali	100	800	2211,4	2566,5	1371,6	6789,8
Frutta	200		1104,9	1528,6	1488,3	1518,9
Totale	**2200**	**4100**	**10559,0**	**20800,8**	**21376,2**	19200,8

Per quanto riguarda la produzione di carne, negli ultimi anni l'indicatore è stato rispettato, anche se nel caso di bovini e bufali ci sono difficoltà con la genetica e la salute del bestiame, fortemente influenzata dalla brucellosi bufalina stabilitasi nel territorio, che non è stata controllata a causa della cattiva gestione della specie. Per quanto riguarda il piccolo bestiame, è necessario lavorare anche sulla purezza delle razze per migliorare gli indicatori. La disponibilità di macchinari nel comune è un potenziale, tuttavia la tecnologia utilizzata è obsoleta e con alti livelli di deterioramento a causa del suo eccessivo sfruttamento, che ne limita l'uso in termini di sviluppo agro-produttivo (Allegato 1).

Nella dimensione sociale, si individuano problemi che interessano le aree produttive del comune: movimenti migratori, sia interni che esterni con saldi negativi, condizioni abitative sfavorevoli, nonché la qualità e la disponibilità di acqua, secondo il Censimento della popolazione e delle abitazioni effettuato nel 2012. Vi sono inoltre poche offerte attraenti con bassi livelli di soddisfazione in termini di qualità dei servizi forniti e richiesti.

Tra le principali risorse naturali vi sono i **suoli,** prevalentemente ferrallitici rossi, nei sottotipi compattato e idratato, che vengono utilizzati di preferenza per varie colture; i suoli ferrallitici gialli e i gley ferrallitici su cui si basa l'allevamento; mentre nelle zone basse vicino alla costa si trovano i tipici gley umici con difficoltà di drenaggio che causano ristagni d'acqua; quest'ultimo sottotipo viene utilizzato per la silvicoltura.

I terreni sono di categoria agro-produttiva I e II e occupano una superficie di 44.000 ettari, che rappresenta il 63% del totale e si trovano principalmente nella parte centrale del comune, un dato superiore alla media provinciale (28% del totale), che lo rende uno dei più favoriti sotto questo aspetto nella provincia, insieme a Ciro Redondo e Ciego de Avila.

I suoli di categoria III - media capacità agrologica - occupano un'area di 3 mila ettari (5%) e infine quelli di categoria IV occupano 21 mila ettari, che rappresentano il 31% del totale e si trovano soprattutto nella parte meridionale del Paese, estendendosi in senso latitudinale. Il fattore più importante è lo scarso drenaggio. Questo problema è più diffuso nella parte meridionale, strettamente legato al tipo di suolo presente.

Il bacino meridionale su cui si trova il comune dispone di oltre 290 milioni di metri cubi d'acqua e il suo rilievo è pianeggiante, per cui il suo uso razionale deve essere una priorità, motivo per cui questa risorsa deve essere gestita con attenzione poiché la sua disponibilità non è sempre elevata e di fronte a questa debolezza, la linea del gramo o della culla salina penetra nell'entroterra causando danni al suolo e quindi alla popolazione e all'economia. In questo senso, le risorse idriche sotterranee rischiano di perdere la qualità di essere adatte all'irrigazione, dato che 2 500 ettari di suolo presentano intrusioni saline e si prevede che 2 278 ettari saranno interessati nell'anno 2050 e 8 555 ettari nell'anno 2100, a causa dell'innalzamento del livello medio del mare.

Figura 2. Mostra la zonizzazione della siccità nel comune.

Le risorse forestali occupano la superficie maggiore del comune, con un'area totale di 22.514 ettari, che copre principalmente le coste meridionali e orientali del territorio, di cui 22.095 ettari appartengono a boschi naturali e 419 ettari a boschi artificiali. Le varietà più importanti sono quercia, mogano, casuarina, ocuje, eucalipto, llana, palma reale, teak e altri alberi da legno. Ci sono anche diverse varietà di alberi da frutto, tra cui avocado, mango, prugna, mamoncillo, mamey, sapote, limone e guava.

Nell'ultimo anno, le principali variabili climatologiche del territorio si sono comportate come segue: Precipitazioni, la media delle minime è a gennaio con 33,10 mm e la media delle massime è a maggio con 240,00 mm.

La temperatura media annua è di 25° C, la minima media è di 22° C a gennaio e la massima media è di 31° C a luglio. I **venti** predominano da nord-est con un valore di 15,0 km/h.

L'**umidità relativa** media dell'anno è stata dell'80%, con i valori più alti in settembre, ottobre e novembre e i più bassi in marzo e aprile. Per quanto riguarda il **soleggiamento,** i valori più bassi in termini di ore di illuminazione giornaliera si registrano nei mesi da settembre a febbraio, mentre i valori più alti si verificano da marzo ad agosto, con aprile che è il mese con più ore di sole, 9,3 ore.

La caratterizzazione del territorio rivela che il comune è eminentemente agricolo, il che evidenzia la necessità di sensibilizzare ciascuno degli attori per garantire il loro effettivo coinvolgimento e articolazione nello sviluppo locale.

1.2- Struttura del territorio per consigli popolari e basi produttive. Composizione della popolazione e delle risorse lavorative.

Il comune ha cinque consigli popolari (Venezuela, Simon Reyes, Jagueyal, Jucaro e Sanguily). Ognuno di essi ha basi produttive (vedi tabella 9).

La tabella 3 mostra la struttura del territorio per consigli popolari e basi produttive.

CONSIGLI POPOLARI

Venezuela	Jagueyal	Simon Reyes	Jucaro	Sanguigna mente
• CCS El Vaquerito (varie colture e bestiame). • UBPC Tres de Octubre. (Varie coltivazioni) • UBPC La Maya. (Canera) • UEB Cuba-Venezuela (Cubasoy). • UEB de Beneficio y comerciali-zacion (Cubasoy). • UEB per l'assicurazione e il trasporto.	• CPA El Vaquerito (Canera) • CCS Capitan San Luis (varie coltivazioni). • UBPC Zenen Marine (Colture varie) • UBPC Sierra de Cristal (Canera) • UBPC Alecrin (Colture varie)	- CPA Ramon Dominguez de la Pena (Canera) - UEB Sierra Insegnante (Cubasoy)	- UEB Battaglia di Palo Alto.	• CPA Primo gennaio (Colture varie) • CPA Ettore Diaz (Colture varie). • UEB Servizi tecnici e irrigazione. (Cubasoy) • CCS. Nestore Bonachea (bestiame

Ci sono anche due insediamenti umani che sono quartieri direttamente subordinati all'Assemblea Municipale del Potere Popolare (Los Negros e La Teresa), nel caso del primo citato, ha il CCS del bestiame di Niceto Perez. Come si può vedere, il territorio ha un totale di 21 basi produttive (quattro CCS, quattro CPA, cinque UBPC e otto Unità Imprenditoriali di Base), distribuite nei diversi Consigli Popolari.

Il Sistema di Insediamenti Umani (SAH) del comune di Venezuela è composto da 31 insediamenti, di cui quattro urbani (Venezuela, Jagueyal, Jucaro e Sanguily) e 27 rurali.

Il modello di popolazione ha risposto all'emergere degli zuccherifici nella prima metà del XX secolo, dando origine alla creazione dei primi bateyes e delle colonie per insediare la forza lavoro dedicata all'agricoltura della canna da zucchero, nonché alla localizzazione di molti insediamenti lungo le strade più importanti. Oggi si trovano su entrambi i lati delle strade (la strada Venezuela - Jucaro e la ferrovia del Canero), con una maggiore densità nelle zone settentrionali del comune. Ciò è dovuto a varie ragioni, tra cui possiamo citare, in primo luogo, l'esistenza di tre nuclei urbani, tra cui il capoluogo comunale Venezuela, che offre migliori opportunità di lavoro e di vita. In secondo luogo, la vicinanza e l'accessibilità al capoluogo di provincia, principale centro di servizi, industria e occupazione della provincia.

L'analisi del numero di persone per consiglio popolare nel periodo 2002-2012 mostra una diminuzione del numero di consigli popolari da dieci agli attuali cinque, dovuta alla scomparsa e alla fusione di alcuni con altri. Il consiglio popolare di Venezuela ha ancora la popolazione più numerosa del comune (11.487 abitanti), che rappresenta il 43,0% del totale.

I restanti consigli hanno diminuito gradualmente la loro popolazione, il che ha avuto un impatto sulla popolazione totale alla fine del periodo, con una diminuzione di 2 316 abitanti.

La popolazione residente nel comune per l'anno 2012 è di 26 671 abitanti, di cui 13 848 maschi per il 51,9% e 12 823 femmine per il 48,1%, con un rapporto di 1 080 maschi ogni 1000 femmine, che lo rende il secondo comune con il rapporto più alto a livello provinciale.

La percentuale di uomini è più alta negli insediamenti rurali (54,3%), a causa dell'importanza del lavoro agricolo in queste aree, una situazione che cambia nelle aree urbane, dove è più bassa (50,6%), a causa delle possibilità di impiego che esistono nel settore dei servizi.

Nell'analisi evolutiva della popolazione secondo la struttura per età, si può notare che durante l'intero periodo (2002-2012), la popolazione è interessata dal processo di invecchiamento sperimentato dalla popolazione del Paese. Ciò è legato all'aumento della popolazione adulta (15-49 anni) e anziana (60 anni e oltre), insieme alla diminuzione della popolazione giovane (0-14 anni) per il 18,7%. Tutto ciò è dovuto alla riduzione dei tassi di fertilità nel tempo.

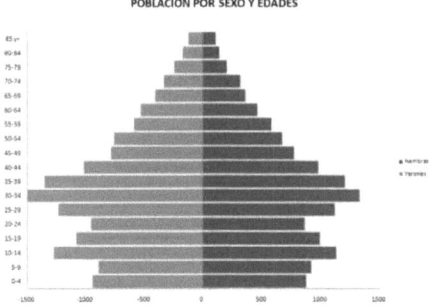

Figura 3

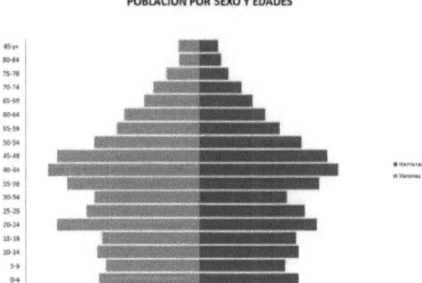

POBLACION POR SEXO Y EDADES

Le figure 3 e 4 mostrano la struttura della popolazione del comune per fasce d'età e sesso, negli anni 2002 e 2012.

Fonte: Ufficio Statistico Territoriale, Venezuela, 2012.

Nella progettazione del Progetto di Sviluppo Integrale del comune di Venezuela, sono state diagnosticate 10 comunità, tutte situate in aree ad alto sviluppo di sistemi di produzione di cereali. In queste comunità ci sono diversi problemi che caratterizzano questa località come molto vulnerabile dal punto di vista sociale: comunità che hanno condizioni stradali inadeguate, sistemi di comunicazione limitati, illuminazione pubblica carente, l'igiene della comunità e le abitazioni, nella grande maggioranza, sono inadeguate.

In generale, è stato condotto uno studio sulla percezione del territorio da parte della popolazione e sono stati individuati i seguenti problemi:

• Mancanza di educazione formale (mancanza di rispetto, mancanza di educazione, maleducazione, ecc.)

• Danni ai beni sociali (telefoni, trasporti, illuminazione)

• Compravendita illegale di prodotti

• Il furto

• Il furto

• Consumo di bevande alcoliche

• Traffico e consumo di droga

• Disturbo dell'ordine (rumori forti, musica rauca)

• Violenza   domestica

•   Violenza contro le   donne

•   Violenza contro i   bambini

•   Violenza contro gli   anziani

• Violenza in pubblico (minacce, molestie, rinas, lesioni, ecc.)

Si è potuto constatare che le comunità studiate sono depresse, come evidenziato dal basso potenziale percepito nella diagnosi.

Potenzialità

- Persone formate e qualificate (insegnanti, medici, ingegneri, tecnici di medio livello e altri professionisti).
- Istituzioni sociali, culturali e sportive.
- Storia e tradizioni
- La risposta del quartiere ai compiti sociali e di massa

La popolazione economicamente attiva (PAE) del comune è di 12 404 abitanti, pari al 57,2% della popolazione totale di età pari o superiore a 15 anni. Di questi, 12.006 sono occupati e 398 sono disoccupati, o perché hanno perso il lavoro (292) o perché cercano lavoro per la prima volta (106). La popolazione non economicamente attiva è di 9.291 abitanti, pari al 42,8% della popolazione totale di 15 anni e oltre. L'indice di dipendenza è pari a 52,9, poiché ogni 100 abitanti in età lavorativa 53 sono in età di dipendenza, dato che il 18,7% di essi ha meno di 15 anni e il 15,5% ha più di 64 anni.

Il numero totale di occupati (12.006) rappresenta il 6,2% del totale degli occupati della provincia (193.123 occupati), di cui 7.915 sono uomini (65,9%) e 4.091 donne (34,1%), cioè due uomini per ogni donna, per un tasso di occupazione medio del 45,0. La percentuale maggiore di occupati appartiene al settore statale con 9.039 lavoratori che rappresentano il 75,3% del totale, il 55,2% dei quali si concentra negli insediamenti urbani Venezuela (3.958 occupati) e Sanguily (1.035 occupati). Seguono per importanza, all'interno del settore non statale, coloro che lavorano nell'UBPC con 705 occupati e i lavoratori autonomi con 670 occupati, rispettivamente per il 5,9% e il 5,6%. Il 91,6% degli occupati lavora all'interno del comune con 11.003 occupati e solo l'8,3% fuori dal comune, motivo per cui la minoranza si sposta in altri comuni o province. Tuttavia, a livello provinciale, il comune è tra i tre comuni con la più alta percentuale di popolazione che lavora fuori dal comune.

Il tasso di disoccupazione è del 3,2%, superiore alla media provinciale del 3,1%, essendo più basso nelle aree urbane (3,1%) che in quelle rurali (3,5%), con una maggiore rappresentanza della popolazione maschile (3,4%) rispetto a quella femminile (2,9%).

Le profonde trasformazioni a cui è stato sottoposto il territorio, al di là delle decisioni interne, hanno imposto la ricerca di nuove strategie di vita, che senza dubbio includono l'aspetto lavorativo come l'elemento più dinamico e suscettibile di cambiamento (Studio sulle risorse lavorative nella provincia di Ciego de Avila. UNICA).

1.3 Sistema di innovazione a livello locale.

Il Consiglio dell'Amministrazione del Comune di Venezuela, nel suo Progetto di Sviluppo Integrale (PDI), riflette esplicitamente la necessità di raggiungere lo sviluppo sostenibile della produzione agricola per la soddisfazione dei bisogni alimentari e di altro tipo della popolazione, rifornendo l'industria alimentare.

Il progetto risponde alle linee guida del Modello Economico Sociale Cubano, delinea le seguenti politiche volte alla rilevanza delle sue azioni in funzione di:

1-   Migliorare l'uso efficiente e sostenibile dei terreni agricoli in base alla loro agro-produttività e alla disponibilità di acqua; promuovere il recupero dei suoli colpiti da processi di degrado.

- Localizzare l'**attività agricola** su terreni altamente produttivi e con abbondanti falde acquifere, soprattutto nelle zone meridionali, orientali e occidentali del comune.
- 5. Incoraggiare la **silvicoltura** di protezione nelle fasce di regolazione idroelettrica di fiumi e bacini, strade e insediamenti umani.

2- Incoraggiare l'uso efficiente del territorio per la crescita degli insediamenti umani (urbani e rurali), evitando l'uso di terreni agricoli altamente produttivi, di aree di ricarica dei bacini idrografici e nel rispetto dei criteri di accesso alla terra definiti dalle norme giuridiche.

- Proteggere, fondamentalmente, i suoli del comune,
- Aumentare la densità d'uso del territorio comunale.

3- Promuovere lo sviluppo di zone con normative speciali associate a siti di alto significato ambientale e storico-culturale, allo sviluppo economico e a quelli di interesse per la difesa e la sicurezza.

- Dichiarare nuove zone speciali in aree a uso turistico preferenziale, come le baie di Jardines de la Reina.

4. Promuovere i poli produttivi nei settori strategici dello sviluppo e le produzioni chiave nella sostituzione delle importazioni, favorendo l'uso efficiente delle tecnologie, delle capacità produttive esistenti e delle risorse endogene di ciascun consiglio popolare.

- Promuovere i poli agricoli e zootecnici produttivi e le loro industrie di trasformazione nel comune.
- Recuperare la rete dei porti di pesca; introdurre nuove tecnologie, barche e attrezzi da pesca nell'ambito dei piani di sviluppo del comune.

5.   - Promuovere una distribuzione della popolazione che risponda alle esigenze di sviluppo economico e alle potenzialità del territorio; e, se necessario, una migrazione intenzionale verso i luoghi che la richiedono, prevedendo le condizioni per il loro insediamento.

- Incoraggiare la popolazione a spostarsi verso gli insediamenti esistenti con potenziale di crescita.

- Stimolare la migrazione verso i territori con la maggior quantità di terreni inattivi in suoli ad alta agro-produttività e con un potenziale di sviluppo agricolo nel comune.
- Promuovere la ridistribuzione della popolazione verso luoghi con un alto livello di diversificazione produttiva.

6. Ridurre la vulnerabilità dei territori, degli insediamenti umani, delle infrastrutture e delle strutture socio-economiche, minacciati da terremoti, inondazioni temporanee e permanenti, dovute a eventi meteorologici estremi e all'innalzamento del livello medio del mare dovuto ai cambiamenti climatici.

- Rimuovere gli immobili in violazione del Decreto Legge 212 che si trovano in aree colpite da inondazioni permanenti a medio e lungo termine.

7. - Rafforzare e migliorare l'attuazione e il controllo della pianificazione territoriale sulla base di un efficace processo di partecipazione istituzionale e dei cittadini, guidato dal governo per garantire la disciplina territoriale e urbana (Proyecto de Desarrollo Local del municipio Venezuela, 2018).

Attualmente, il sistema di innovazione agricola locale agisce sulla base della strategia di sviluppo e delle sue linee prioritarie di gestione integrata della conoscenza. In questo modo il lavoro si concentra sull'affrontare le principali sfide del Comune in relazione alla produzione alimentare, alla conservazione delle risorse naturali, alla biotecnologia vegetale, allo sviluppo agricolo, all'uso efficiente e sufficiente dell'acqua e dell'energia, nonché ad altre come: scienze pedagogiche, informatizzazione della società, scienze sociali e umanistiche, tenendo conto del potenziale del Comune.

C'è un adeguato livello di soddisfazione degli attori locali per la consulenza ricevuta per la proiezione strategica, si sta lavorando nel processo di integrazione tra gli enti, il Consiglio di Amministrazione Comunale (CAM) e gli organismi per migliorare il loro funzionamento, al fine di promuovere lo sviluppo del territorio. Sono state sviluppate azioni post-laurea che contribuiscono direttamente allo sviluppo locale, tra cui: Corso sullo sviluppo locale e Corso sulla percezione del rischio di fronte a fenomeni climatologici estremi.

Sono stati organizzati workshop e conferenze e sono state effettuate visite ai produttori per l'impegno a piantare colture di interesse nella località e scambi di esperienze per aumentare l'efficienza della produzione del piccolo bestiame. Vengono effettuate visite alla flotta di pescatori di Jucaro per sensibilizzarli alla necessità di diversificare la produzione per la commercializzazione dei prodotti e dei loro derivati alla popolazione, e in questo senso quest'anno è stato approvato il progetto di sviluppo locale. Introduzione della produzione di pesce in scatola nella UEB Flota Marino Pesquera Jucaro.

Esiste un portafoglio di quattro progetti: "Allevamento efficiente di tilapia", "Allevamento intensivo di suini", "Riduzione delle emissioni di gas serra attraverso la gestione degli escrementi dei suini nel CCSF El Vaquerito del consejo popular Venezuela" e aumento della produzione di carne di bufalo.

Si sta lavorando al calcolo della fattibilità economica di altri progetti di sviluppo locale: "Ottenere olio dalla produzione decentrata di ajonjolf"; rianimazione dell'officina meccanica di Simon Reyes". E produzione locale di elementi per pavimenti e pareti.

Il CUM fornisce consulenza alle entità produttive e di servizio per determinare, insieme ai centri e alle entità, la domanda di forza lavoro qualificata, a partire dall'orientamento professionale e dalla formazione degli studenti nelle diverse carriere con profilo agronomico che il comune richiede; In questo senso, vengono seguiti i Circoli di interesse dei diversi corsi che funzionano nel Palacio de Pioneros, vengono organizzate mostre alle quali il CUM partecipa dal punto di vista organizzativo e come membro della giuria, e vengono preparate insieme al Ministero della Scienza, della Tecnologia e dell'Ambiente (CITMA).

Negli ultimi due anni sono state trasferite più di 30 tecnologie attraverso progetti di innovazione scientifica e tecnologica, con particolare attenzione alla produzione di bestiame minuto (ovini, caprini e conigli).

Nell'anno in corso si sta realizzando uno studio pilota sulla base delle indicazioni del Ministro dell'Agricoltura cubano di assumere l'Empresa Estatal Socialista Cubasoy come polo produttivo per l'integrazione di scienza e tecnologia a Ciego de Avila. Per rispondere a questa sfida, si è tenuta una consultazione tra diversi attori locali: CAM, CUM, EmpresaCubasoy, MINED, Cuadros e MINAG, con l'obiettivo di far emergere la necessità di creare capacità per affrontare questa sfida e ipotizzare il percorso da seguire. È stato adottato un accordo per fare dell'Instituto Politecnico Agropecuario il principale centro di formazione per l'agricoltura del territorio.

Nonostante i risultati raggiunti e gli enormi sforzi compiuti per promuovere lo sviluppo nella municipalità di Venezuela, resta ancora molto da fare: è necessario un cambio di paradigma nelle relazioni sociali, in cui si accantoni la verticalità e si sviluppino processi orizzontali, che portino al protagonismo dei produttori, basati sullo sviluppo in loro di una coscienza critica e di un atteggiamento innovativo attraverso una comunicazione dialogica e democratica, in cui predomina la relazione soggetto-soggetto di fronte alle sfide locali. Questo obiettivo può essere raggiunto attraverso l'attuazione del SIAL.

"...Utilizzare tutta la scienza necessaria per uno sviluppo sostenibile senza inquinamento. Pagare il debito ecologico e non il debito estero. Far scomparire la fame e non l'uomo (Castro, 1992). Queste parole pronunciate dal compagno Fidel Castro Ruz sono ancora valide oggi.

Con l'obiettivo di implementare il SIAL nel comune di Venezuela, è stata effettuata una caratterizzazione e una diagnosi che ha permesso agli autori di questa tesi di determinare le potenzialità, le debolezze e le sfide che l'attuale contesto di innovazione locale possiede.

Punti di forza

1. Stretto e sistematico collegamento tra CUM, CAM, CITMA per delineare strategie e programmi per lo sviluppo integrale del comune.
1. Esiste un sistema di gestione della conoscenza e dell'innovazione.
2. Il Piano Scientifico e Tecnologico del Centro Universitario (CUM) è in linea con le priorità di sviluppo agricolo del territorio.
3. L'università è percepita come un attore essenziale negli spazi di scambio, innovazione e sviluppo.
4. Attori locali interessati a promuovere lo sviluppo locale in base al loro potenziale.
5. Interazione con i centri di ricerca (Bioplants, CIBA: progetti).
6. Implementazione di un sistema per determinare le esigenze di miglioramento e formazione nelle principali entità e organizzazioni locali, al fine di realizzare piani post-laurea in accordo con le esigenze del territorio.
7. Rafforzamento della struttura di progetto sul territorio.
8. Identificati i principali rischi e vulnerabilità ambientali del territorio.
9. Implementazione del compito di vita per mitigare gli impatti del cambiamento climatico. **Debolezza**

1. Insufficiente sviluppo delle capacità per un uso efficiente della tecnologia acquisita
2. Sviluppo insufficiente dei sistemi di gestione della conoscenza e dell'innovazione.
3. Insufficiente apprezzamento dei principi dello sviluppo locale nell'affrontare i legami con gli stakeholder locali.
4. Uso insufficiente di alternative agro-ecologiche per il miglioramento dei suoli in corrispondenza del loro sfruttamento.
5. Insufficiente generazione di progetti scientifici e tecnologici per mitigare l'impatto del cambiamento climatico nel Consiglio Popolare di Jucaro, considerato uno dei più colpiti della provincia.
6. Insufficienti azioni di intervento scientifico per la gestione delle specie aliene invasive (Marabù e bufali selvatici).
7. Mancanza di diffusione dei progressi nello sviluppo del sistema dell'innovazione su scala locale per aumentare la conoscenza delle imprese locali del territorio che

nascono dalle buone pratiche dei produttori.

8. La percezione dello sviluppo dei sistemi di innovazione si concentra sullo sviluppo tecnologico e manca la prospettiva sociale che avrebbe un impatto sui livelli di partecipazione dei cittadini e risolverebbe i problemi sociali e di innovazione.

9. Insufficiente sviluppo di capacità per: l'uso efficiente della tecnologia acquisita; l'uso efficiente e sufficiente di acqua ed energia e per il calcolo della fattibilità economica dei progetti IMDL.

10. La mancanza di un approccio multi-stakeholder nei sistemi di innovazione porta a uno scarso sfruttamento dei risultati della S&T a livello comunale.

Sfida.

1. Articolazione logica, coerente e sistematica degli attori per promuovere lo sviluppo e l'innovazione a livello locale.

Sulla base dell'analisi effettuata e dell'identificazione dei punti di forza e di debolezza per rafforzare l'inserimento del SIAI nel comune, viene presentato un programma di sviluppo agricolo locale, basato sulla cultura della partecipazione come asse trasversale, per garantire il coordinamento logico, coerente e sistematico di tutti gli attori al fine di migliorare la qualità della vita della popolazione venezuelana.

Capitolo 2

CAPITOLO II. PROGRAMMA DI SVILUPPO AGRICOLO LOCALE NEL COMUNE DEL VENEZUELA.

2.1 Basi teoriche e metodologiche del programma.

Lo sviluppo locale della municipalità venezuelana dovrebbe basarsi sul concetto di sviluppo locale sostenibile su basi agro-ecologiche, in modo da favorire il rafforzamento delle strutture comunitarie, del tessuto imprenditoriale sociale locale e l'utilizzo delle risorse endogene disponibili, attraverso l'elaborazione di progetti di innovazione orientati alla sistematizzazione delle buone pratiche e originati dalla base produttiva, che consentano un visibile miglioramento della qualità della vita della popolazione venezuelana.

Questo sviluppo locale sostenibile deve portare all'eliminazione dei divari di disuguaglianza sociale, alla mobilitazione e alla partecipazione attiva dei cittadini, attraverso nuove formule partecipative in ambito politico, sociale ed economico più inclusive, in cui si tenga conto dell'approccio di genere e dell'equità sociale; requisiti da tenere in considerazione nel modello di innovazione. In corrispondenza, la municipalità del Venezuela richiede un diverso tipo di innovazione che tenga conto di aspetti quali:

- che si manifesta in tutti gli anelli della catena agroalimentare e si ripercuote sui colli di bottiglia;
- promuovere miglioramenti in vari campi, come le politiche di sviluppo tecnologico, organizzativo, istituzionale, economico o agricolo;
- che fornisce soluzioni adeguate alle condizioni locali, in termini di benessere umano ed equità;
- che si tratta di un processo creativo di assimilazione critica delle proposte, costruzione, azione e apprendimento collettivo (Ortiz *et al.*, 2017).

Obiettivo: migliorare le condizioni di vita rafforzando i legami per l'introduzione della conoscenza e lo sviluppo sociale.

2.2 Dimensioni del programma.

Affinché la municipalità si sviluppi in modo integrale, è necessario che il concetto di sviluppo sostenibile venga elaborato a partire dalle dimensioni politico-sociale, economica ed ecologica.

Ciò faciliterebbe le relazioni e le interconnessioni della base economico-produttiva con il sistema degli insediamenti, le infrastrutture tecniche e di servizio, restituite all'ottenimento di beni materiali e alla generazione di posti di lavoro nel medio termine, a partire dalla cultura della partecipazione e con un'attenzione all'equità sociale e di genere che garantisca l'intervento delle donne in questo settore e con esso la loro emancipazione.

Tenendo conto delle potenzialità e dei limiti delle basi produttive selezionate per implementare il SIAL nel comune di Venezuela, si propongono le seguenti linee di lavoro.

1. Agrochains.
2. Biodiversità vegetale.
3. Biodiversità animale
4. Gestione della conoscenza e dell'innovazione.
5. Agroindustria.
6. Agroecologia e cambiamento climatico.
7. Giovani e genere.

1. Agrochains.

Potenzialità

Tra le potenzialità del comune c'è la produzione di carne di piccolo bestiame, in particolare di conigli, che è in gran parte dovuta all'intervento di progetti scientifici e tecnologici per il trasferimento di conoscenze e tecnologie.

In questo senso, sono state formate 175 persone sulla "gestione sostenibile del piccolo bestiame", di cui il 46% (80) erano produttori e funzionari direttamente coinvolti nella produzione, 5 dei quali dirigenti comunali, due dell'EGAME, oltre a insegnanti (IPA, IPI e SUM), studenti (IPA e SUM) e altri funzionari comunali.

L'azione integrata di EGAME, del Centro Universitario Municipale e del Centro di Capacity Building CITMA è stata potenzialmente decisiva per la padronanza e l'implementazione dei materiali tecnici consegnati e per la consegna produttiva sostenibile degli animali, che ha permesso negli anni 2015 e 2017 di superare il piano di consegna all'entità. Un produttore ha costruito una macchina per la produzione di mangimi pellettati e blocchi nutrizionali.

Le cinque aziende agricole valutate nel trasferimento di conoscenze e tecnologie hanno migliorato le loro strutture, la riproduzione/genetica delle mandrie e la base alimentare. Il lavoro congiunto e sostenuto tra il settore scientifico e quello produttivo ha permesso all'EGAME del comune di Venezuela di ricevere il riconoscimento di comune più integro rispettivamente nel 2015 e nel 2017.

Limitazioni.

Tuttavia, nonostante i risultati ottenuti, tra i produttori di conigli permangono insoddisfazioni legate al fatto che non tutti dispongono di terreni per piantare specie foraggere per l'alimentazione del bestiame, né hanno la disponibilità di acqua e altre risorse per la produzione di foraggio.

Sfida:

Realizzare collegamenti produttivi basati sul potenziale per ottenere un maggiore sviluppo volto a garantire nel medio termine la concessione di terreni per l'alimentazione del bestiame minuto. Stabilire accordi con Cubasoy per l'acquisto di residui che possono essere utilizzati nella produzione di mangimi pellettati e blocchi nutrizionali; sarà inoltre necessario sviluppare macchinari per la lavorazione dei residui del raccolto per coprire il fabbisogno di mangimi dei produttori.

Per questo sarebbe necessario creare una mini-industria che dovrebbe avere una macchina per macinare il mangime proveniente dal campo, un'area per l'essiccazione solare, un mulino a martelli per macinare la materia prima secca, un miscelatore e una pressa continua per l'elaborazione del mangime pellettizzato e del blocco nutrizionale. Queste macchine sono costruite sul territorio con materiale di recupero.

Per rifornire la mini-industria di materie prime, saranno selezionati i produttori di mangimi (Titonia, Morera e Moringa, tra gli altri), ai quali saranno concessi terreni. Un altro modo per rifornire la mini-industria sarebbe quello di utilizzare i resti del raccolto di Cubasoy. Con questi due mezzi, dovrebbe essere consegnato il 75% della produzione di mangimi, mentre il restante 25% sarebbe costituito dagli scarti industriali di Cubasoy e dai mangimi importati forniti da EGAME. Per la produzione di gabbie, EGAME fornirebbe il filo metallico. Infine, i produttori consegnano gli animali in piedi alla piccola azienda zootecnica per la lavorazione industriale.

Anche la produzione di carne e latte di pecore e capre viene rafforzata. In questo senso, sul territorio sono presenti 15 produttori di queste specie convenzionati con EGAME, di cui 5 caprini e 10 ovini, tutti focalizzati sulla produzione di carne. Pertanto, per diversificare e realizzare le filiere produttive, è necessario incoraggiare il lavoro con specie a duplice attitudine o produttrici di latte; a tal fine, in coordinamento con la Delegazione Agricola Comunale e sulla base della formazione dei GIALES e degli interessi collettivi dei gruppi, verranno dati in usufrutto terreni inattivi al fine di creare un'area per la produzione di carne, latte e derivati.

Tutti questi processi saranno supportati da contratti e accordi di collaborazione e da progetti di sviluppo locale.

Scenari

EGAME, CCS El Vaquerito, UBPC 3 de Octubre, Nel comune ci sono 40 allevatori di conigli, 20 dei quali allevano nei cortili e nei giardini e sono produttori convenzionati con EGAME. Il produttore più grande, appartenente al CCS El Vaquerito, ha disponibilità di terra e acqua per rendere stabile la produzione.

Un altro potenziale è rappresentato dal fatto che uno dei produttori è un innovatore che costruisce gabbie e produce mangimi con un macchinario realizzato da lui stesso. Questo potenziale può essere sfruttato per aggiungere valore alla produzione di conigli.

Attori:

40 allevatori di conigli, facilitatori SIAL, membri della piattaforma SIAL (CUM, CAM, CITMA, BANDEC, Planificacion Fisica, Delegacion de la Agricultura, Empresa Agropecuaria Cubasoy, Unidad Basica Electrica, Direccion Municipal de Economia y Planificacion, ACTAF, ACPA).

Strumenti:

- Piattaforma comunale di coordinamento multi-stakeholder per lo sviluppo di queste specie.
- Piccoli gruppi di innovazione zootecnica nel comune, tra cui il gruppo "Amici della produzione di mangimi".
- Metodologie partecipative per la gestione genetica delle greggi, apprendimento del controllo integrato del parassitismo, caratteristiche delle strutture e dell'alimentazione.
- Mappatura delle parti interessate
- Progettazione sistematica dell'azienda agricola.
- Scuole sul campo
- Fiere agricole

2. - Biodiversità vegetale.

Potenzialità.

Il comune produce diverse colture come: verdure (patate, malanga, yucca, patate dolci, banane), banane e frutta, ortaggi (pomodori, cipolle, aglio, zucca, cetrioli, meloni e cavoli tra gli altri), cereali (fagioli, mais, riso, sorgo, ceci e soia) e alberi da frutto (ananas, zucca, mango, guava e cocco). Le rese di queste colture sono accettabili.

Le ricerche condotte sul territorio mostrano l'adattabilità di 13 varietà di fagioli alle condizioni pedoclimatiche della località.

Limitazioni.

Gli attori locali non sono in grado di promuovere la diversità delle varietà di colture e, allo stesso tempo, mancano le sementi certificate nelle diverse categorie che consentirebbero di mantenere la genetica delle colture e di ottenere rese elevate, il che rappresenta un vincolo per lo sviluppo locale. **Sfida.**

Implementare banche di semi per la produzione di sementi gamiche e agamiche nella località.

Scenari

CCS El Vaquerito, UBPC 3 de Octubre, CPA 1ro de Enero

Attori.

Membri della piattaforma SIAL (CUM, CAM, CITMA, BANDEC, Physical Planning, Delegacion de la Agricultura, Direccion Municipal de Economia y Planificacion, ACTAF, ANAP, UEB Agroforestal) Membri dei GIAL

Strumenti.

- Fiere dell'agrodiversità che promuovono l'uso di numerose varietà da parte dei produttori.
- Scuole sul campo con i produttori.
- Convivencias.
- Laboratori.

2.1 Silvicoltura.

Potenzialità

Le risorse forestali occupano la superficie maggiore del comune, con un'area totale di 22.514 ettari, nelle categorie di boschi naturali e artificiali. Le varietà più importanti sono quercia, mogano, casuarina, ocuje, eucalipto, llana, palma reale, teak e altri alberi da legno. Esistono anche diverse varietà di alberi da frutto, come avocado, mango, prugne, mamoncillo, mamey, sapote, limone e guava.

Limitazioni

Secondo gli studi sulle dinamiche forestali condotti dal Dipartimento del Servizio Forestale Statale del Dipartimento Municipale dell'Agricoltura, c'è una tendenza alla diminuzione della popolazione, che è in gran parte dovuta a:

- L'introduzione di specie esotiche invasive nelle aree boschive.
- Bracconaggio non autorizzato dovuto all'indisciplina sociale.
- Il volume dei tagli nella tenuta forestale è maggiore del numero di piantagioni.
- I risultati e la sopravvivenza sono influenzati dal processo di siccità che il territorio ha affrontato negli anni dal 2014 al 2017.
- Non ci sono vivai forestali nel territorio.

Sfida: sfruttare il potenziale delle basi produttive selezionate per contribuire alla riforestazione attraverso l'impianto di barriere frangivento, recinzioni vive, alberi insetticidi naturali e sistemi silvopastorali.

Scenari

CCS El Vaquerito, UBPC 3 de Octubre, CPA 1ro de Enero, vivai forestali, aziende forestali.

Attori.

Membri della piattaforma SIAL (CUM, CAM, CITMA, BANDEC, Planificacion Fisica, Delegacion de la Agricultura, Direccion Municipal de Economia y Planificacion, ACTAF, ANAP, UEB Agroforestal), membri del GIALs **Herramientas.**

- Sperimentazione contadina.
- Scuole sul campo con i produttori.
- Scambi tra produttori
- Giornate sul campo.
- Laboratori.
- Gestione della conoscenza basata sugli interessi e le esigenze dei produttori in relazione alla riforestazione (video, newsletter, opuscoli, volantini, ecc.).

3. - Biodiversità animale.

Potenzialità

Alla fine del 2017, nel ramo zootecnico, la produzione di latte contrattata ha raggiunto 1.345560 litri, per un 101% di conformità, il che significa 9060 litri in più rispetto a quanto pianificato. Il comune ha 300 produttori di bestiame, che possiedono terreni in usufrutto, 86 dei quali appartengono alle basi produttive selezionate per l'inserimento del SIAL nel comune, che adempiono sistematicamente ai loro piani.

Limitazioni

Sebbene la fornitura di carne e latte sia stata raggiunta, ci sono ancora fattori fondamentali che limitano la quantità e la qualità della produzione e sono legati alla salute del bestiame e alla genetica. Per quanto riguarda il primo aspetto, nel territorio comunale è presente un'epidemia di brucellosi in generale, che ha portato all'adozione di misure come la cattura e l'abbattimento di massa delle bufale selvatiche.

Per quanto riguarda la genetica animale, non esiste una selezione genetica che permetta la gestione delle razze, secondo gli scopi e gli interessi dei produttori del comune. Questo ha portato alla degenerazione delle razze a causa del backcrossing, in quanto non c'è una buona gestione della riproduzione e della consanguineità, che causa la moltiplicazione di animali non adatti allo sviluppo, nonché la sovrappopolazione di bovini di grandi dimensioni che non vengono venduti perché non adatti al consumo umano.

Sfide.

Controllo della brucellosi

Creazione di un pool genetico.

Scenari

CCS El Vaquerito, UBPC 3 de Octubre, CPA 1ro de Enero.

Attori.

Membri della piattaforma SIAL (CUM, CAM, CITMA, BANDEC, Pianificazione fisica, Delegazione dell'Agricoltura, Direzione comunale dell'Economia e della Pianificazione, ACTAF, ANAP, UEB Agroforestry, Direzione comunale di Veterinaria e CNCOP), membri dei GIAL.

Strumenti.

- Gestione della conoscenza in funzione degli interessi e delle esigenze dei produttori in relazione al rimboschimento, servizi tecnico-scientifici per la gestione sostenibile del bestiame di grossa taglia.
- Workshop di sensibilizzazione con i principali produttori per far capire loro la necessità di introdurre un rebano per la gestione genetica delle razze.
- Scuole sul campo.

3.1- Apicoltura.

Potenzialità.

Attualmente il Comune dispone di sette apiari con 160 alveari. Quest'anno si prevede di raggiungere la cifra di 8 apiari con 180 alveari, con una resa di 50 kg di miele per alveare entro il 2020.

La proiezione della produzione fino al 2020 è la seguente:

Tabella 4. Mostra la proiezione della produzione di miele per anno.

Indicatore	UM	2017	2018	2019	2020
Il miele	T	8	9	9	9
Cera	Kg	120	135	135	135
Propoli	Kg	8	9	9	9
Api regine	U	0	0	0	0
Alveari	U	160	180	180	180

Le basi produttive selezionate per l'attuazione del SIAL nel comune di Venezuela presentano aree forestali in cui è possibile lavorare per l'introduzione della Melipona, nonché altre aree in cui è possibile insediare piante foraggere che rientrano tra le preferenze della Melipona.

Limitazioni.

L'introduzione di Meliponabecchi non è stata intenzionale nel comune, nonostante la sua importanza come risorsa di biodiversità che permette il mantenimento degli ecosistemi. Un terzo del cibo che consumiamo è disponibile attraverso l'impollinazione e circa la metà degli animali che impollinano le piante tropicali sono api (Nates-Parra, 2005; Da Silva *etal.*, 2012).

Sfida.

Introduzione dei Meliponabecchi nel comune.

Scenari

CCS El Vaquerito, UBPC 3 de Octubre, CPA 1ro de Enero.

Attori.

Membri della piattaforma SIAL (CUM, CAM, CITMA, BANDEC, Pianificazione fisica, Delegazione dell'agricoltura, Direzione comunale dell'economia e della pianificazione, ACTAF, ANAP, UEB Agroforestry, Direzione comunale di veterinaria).

Strumenti.

- Workshop di sensibilizzazione con i principali produttori per far capire loro la necessità di introdurre Melipona.
- Caratterizzazione dei villaggi: Sanguily, Rasco, La Ofelia, La Eduviges, Caballe, La Americana e Carolina.
- Gestione delle conoscenze (brochure, opuscoli, opuscoli, tutorial)

4.   Gestione della conoscenza.

Potenzialità.

Nel comune di Venezuela c'è un'adeguata articolazione degli attori, c'è partecipazione a tutti gli spazi di consultazione, alle riunioni congiunte, alla formazione dei diversi gruppi, c'è partecipazione alla progettazione della strategia di sviluppo locale, si individuano i problemi principali e si lavora per risolverli a breve, medio e lungo termine, si progetta la strategia post-laurea sulla base delle richieste e delle priorità, quindi si può dedurre che l'articolazione con i CAM è buona.

Limitazioni.

La ricerca di modi e metodi adeguati per ottenere un coinvolgimento coerente e sistematico di tutti gli attori locali al fine di affrontare le sfide del territorio è considerata una necessità.

Sfida.

Coinvolgere tutti gli stakeholder locali per affrontare le sfide del comune.

Scenari

CUM, CITMA, Delegacion Municipal de la Agricultura, UNICA,

Attori.

Membri della piattaforma SIAL (CUM, CAM, CITMA, BANDEC, Pianificazione fisica, Delegazione dell'Agricoltura, Direzione comunale dell'Economia e della Pianificazione, ACTAF, ANAP, UEB Agroforestry, Direzione comunale di Veterinaria, mass media e specialisti legati al PIAL e produttori).

Strumenti.

- Workshop di sensibilizzazione con le parti interessate, i decisori, gli specialisti delle istituzioni comunali e i produttori.
- Cicli di apprendimento in azione .
- Diagnostica partecipativa.
- Educazione popolare.
- Utilizzo di materiali didattici e   supporti informativi.

5.   - Agroindustria.

Potenzialità.

Nel comune si coltivano numerosi alberi da frutto (ananas, zucca, guava e mango) e tra le basi produttive selezionate c'è la CCS El Vaquerito, pioniera nella produzione di ananas, zucca e guava, fondamentalmente, oltre a produrre grandi quantità di pomodori industriali, meloni e peperoncini. Quest'ultimo è stato appaltato al turismo per diversi anni.

Limitazioni.

Sul territorio non esistono mini-industrie per la lavorazione di questi prodotti ortofrutticoli che generano anche occupazione e contribuiscono a migliorare gli indicatori economici e sociali della località.

Sfida.

Introduzione di una mini-industria per la lavorazione di frutta e verdura e per ottenere succhi, polpe e altri derivati. Questa situazione comporta la necessità di spostare la produzione su lunghe distanze, generando costi aggiuntivi per carburante, manodopera, trasporto e perdite di produzione, a seconda dei tempi di attesa, che rendono il processo insostenibile.

Scenari

CCS El Vaquerito, UBPC 3 de Octubre, CPA 1ro de Enero.

Attori.

Membri della piattaforma SIAL (CUM, CAM, CITMA, BANDEC, Pianificazione fisica, Delegazione dell'agricoltura, Direzione municipale dell'economia e della pianificazione, ACTAF, ANAP, UEB Agroforestry, Direzione, mass media e produttori).

Strumenti.

- Scambi e convivialità, per facilitare l'accesso alle esperienze di altre località in cui sono state realizzate mini-industrie.
- Cicli di apprendimento in azione.
- Progetti di innovazione per lo sviluppo locale

6. - Agroecologia e cambiamento climatico.

Potenzialità

Nelle basi produttive vengono utilizzate alternative agroecologiche come: il miglioramento del suolo con la cachaza, l'uso di biostimolanti e bioregolatori, l'uso di mezzi biologici per il controllo di parassiti e malattie, nonché la volontà dei produttori di promuovere la ricerca scientifica e l'innovazione. In una delle aziende agricole del CCS "El Vaquerito" si sta sviluppando un progetto imprenditoriale e si stanno conducendo ricerche, come il comportamento produttivo di 17 varietà di riso, che ha anche rappresentato il territorio in numerosi eventi, tra cui il XII Incontro Internazionale di agroecologia, agricoltura biologica e sostenibile. I produttori hanno incorporato la terminologia dell'agroecologia nel loro discorso teorico.

Limitazioni.

Gli agricoltori non hanno conoscenze, competenze e attitudini per un uso efficiente e sufficiente della tecnologia, dell'acqua, dell'energia, della fertilità del suolo, della gestione dei parassiti e delle malattie e per l'introduzione di specie e varietà resistenti ai cambiamenti climatici.

Sfida.

Promuovere un'agricoltura sostenibile su base agro-ecologica che incorpori l'adattabilità e la mitigazione dei cambiamenti climatici.

Scenari

CCS El Vaquerito, UBPC 3 de Octubre, CPA 1ro de Enero.

Attori.

Membri della piattaforma SIAL (CUM, CAM, CITMA, BANDEC, Pianificazione fisica, Delegazione dell'agricoltura, Direzione municipale dell'economia e della pianificazione, ACTAF, ANAP, UEB Agroforestry, Direzione, mass media e produttori), stazioni meteorologiche di Jucaro e Venezuela.

Strumenti.

- Scambi e convivialità, per facilitare l'accesso alle esperienze di altre località in cui sono state realizzate mini-industrie.
- Cicli di apprendimento in azione.
- Metodologie partecipative per la produzione e l'utilizzo di sostanza organica (vermicoltura, compost e bio-suolo), utilizzo di piante azotofissatrici, produzione e utilizzo di microrganismi efficienti, sistemi di irrigazione e gestione dell'acqua efficienti, utilizzo di energie rinnovabili, gestione delle risorse forestali. Preparazione e condizionamento ecologico del suolo, uso di piante repellenti, insetticidi,

frangivento, bioregolatori e biostimolanti, nonché gestione integrata di parassiti e malattie.

- Progettazione sistematica dell'azienda agricola.

7. - Giovani e genere.

Potenzialità.

Nel comune di Venezuela, le azioni incentrate sul genere sono realizzate nel settore agricolo.

Limitazioni.

Gli attori locali presentano inadeguatezze cognitive che ostacolano l'integrazione e l'eliminazione dei divari di genere nello scenario locale. **Sfida.**

Promuovere l'equità di genere in tutte le azioni del Programma.

Scenari

CCS El Vaquerito, UBPC 3 de Octubre, CPA 1ro de Enero.

Attori.

Membri della piattaforma SIAL (CUM, CAM, CITMA, BANDEC, Delegacion de la Agricultura, Direccion Municipal de Economia y Planificacion, ACTAF, ANAP, UEB Agroforestal, mass media, produttori, Direccion Municipal de Trabajo y Seguridad Social, Federacion de Mujeres Cubanas). **Strumenti.**

- Cicli di apprendimento per facilitare la gestione della conoscenza basata su azione-riflessione-azione, con le donne e i giovani in base alle loro esigenze, dando priorità alle donne e creando condizioni in termini di tempo e orari per la loro partecipazione.
- Workshop di sensibilizzazione e formazione su genere e giovani per gli attori locali e i decisori del Sistema di innovazione agricola locale.
- Prodotti di comunicazione con una prospettiva di equità sociale che possano essere compresi a tutti i livelli del Sistema locale di innovazione agricola, compresa la creazione e la diffusione di prodotti audiovisivi sulla vita e il lavoro di donne e giovani di spicco del settore agricolo, che diffondano i loro progressi scientifici e tecnologici e le buone pratiche nel settore.

2.3 - Condizioni necessarie per l'attuazione del SIAL nella municipalità del Venezuela.

Secondo i criteri di Podestà (1999), lo sviluppo locale è un processo in cui una società locale, mantenendo la propria identità e il proprio territorio, genera e rafforza le proprie dinamiche economiche, sociali e culturali, facilitando l'articolazione di ciascuno di questi sottosistemi, al fine di ottenere un maggiore intervento e controllo.

Per realizzare questo processo è fondamentale la partecipazione degli agenti, dei settori e delle forze che interagiscono nei limiti di un determinato territorio, che deve avere un progetto comune che combini: "la generazione di crescita economica, l'equità, il cambiamento sociale e culturale, la sostenibilità ecologica, l'attenzione al genere, la qualità e l'equilibrio spaziale e territoriale, con l'obiettivo di innalzare la qualità della vita e il benessere dei suoi abitanti". (Alberto, 2003)

Il sistema di innovazione è coerente con l'attuazione di molte linee guida della Politica Sociale, Economica e Politica del Partito e della Rivoluzione per il settore agricolo, che quindi costituiscono le condizioni per l'attuazione del SIAL nel comune del Venezuela:

- Il coinvolgimento dell'amministrazione comunale come attore con la maggiore capacità di organizzare e guidare questo sistema o per il suo efficace funzionamento.
- Il protagonismo e l'attivismo degli agricoltori e degli attori locali coinvolti nell'ideazione del SIAL.
- La cultura della partecipazione come componente essenziale e determinante per il sistema.
- La cultura dell'innovazione locale e partecipativa come motore dell'innovazione nel territorio.
- Lo sviluppo delle capacità degli attori locali di applicare le buone pratiche nel contesto agricolo, basato su cicli di gestione dell'apprendimento attraverso processi di azione-riflessione-azione che sviluppano conoscenze e competenze che si traducono in atteggiamenti innovativi favorevoli a uno sviluppo locale che si distingue per la sua creatività e identità.

Per l'attuazione del SIAL nella municipalità di Venezuela, è necessario compiere una serie di passi senza i quali la sua attuazione sarebbe impossibile.

Fasi di attuazione del SIAL.

1. Determinare le forme di produzione e gli attori della filiera che richiedono l'innovazione: si tratta di coloro che generano la domanda di innovazione e svolgono un ruolo di primo piano nella sua gestione, nonché dei singoli produttori, tra gli altri attori locali, che mettono i rispettivi beni naturali, fisici, umani, socio-culturali ed economico-finanziari al servizio dell'innovazione agricola.
2. Creare i Gruppi Locali di Innovazione Agricola (GIAL): articolano attori alleati di fronte alle richieste di sviluppo, con sfide e interessi comuni, che innovano per generare soluzioni nella sfera socio-economica e produttiva. Beneficiari diretti dell'innovazione, raggruppati per risolvere una sfida o una domanda di sviluppo locale.
3. Creare la Piattaforma di gestione multistakeholder (PMG). Uno spazio di concertazione e articolazione degli attori, caratterizzato dalla partecipazione da

protagonista di agroproduttori, agricoltori e contadini. Uno spazio in cui si conciliano interessi, agende, politiche, programmi e azioni concrete, che rispondono e arricchiscono le strategie comunali. È anche il luogo in cui si concretizzano le proposte di soluzione ai "colli di bottiglia" esistenti nelle filiere agroalimentari del territorio.

4. Creare il team di facilitazione ausiliaria. Si tratta di persone che hanno le competenze per facilitare, stimolare o catalizzare il funzionamento delle strutture del sistema e di specifici processi di innovazione, e che se ne vanno una volta raggiunto lo scopo. Possono provenire da più istituzioni.

5. Conciliare le richieste locali con le politiche e le strategie di sviluppo agricolo comunali. Esistenza di richieste locali e loro risposta attraverso strategie di sviluppo locale.

6. Pianificare strategie di sviluppo agricolo locale che tengano conto dei cicli di gestione SIAL. Si tratta di azioni di sviluppo basate su cicli di apprendimento in azione attraverso processi di azione-riflessione-azione che permettono di sviluppare conoscenze, competenze e attitudini da applicare a nuove pratiche in termini di sviluppo locale.

In tutto questo processo, è decisivo il ruolo del governo locale, che gestisce e coordina il SIAL per far coincidere la domanda locale di innovazione agricola con le priorità di sviluppo a livello territoriale, oltre a rendere fattibile il collegamento organico con il Sistema di Innovazione Scientifica e Tecnologica. È l'attore con la maggiore capacità di implementare e guidare il sistema. Assimila le richieste di sviluppo locale e le rende compatibili con gli interessi comunali, sovracomunali e istituzionali per costruire strategie di sviluppo locale. Anche le istituzioni e le organizzazioni accompagnano, sostengono e facilitano i processi di innovazione, arricchendo le sfide dello sviluppo locale e collegandole con le proprie agende e sfide nazionali.

Per contestualizzare il Sistema Locale di Innovazione Agricola alla realtà della municipalità venezuelana, tenendo conto dei punti di forza e di debolezza a livello macro e micro sociale, si propone un piano d'azione multi-stakeholder come modalità di attuazione del SIAL. Questa sarebbe la chiave del successo per ottenere uno sviluppo agricolo sostenibile nella municipalità del Venezuela, incentrato su partecipazione, dialogo, scambio di conoscenze, orizzontalità, inclusione, equità e giustizia sociale.

A partire da questi approcci, viene presentato il seguente piano d'azione come massima espressione dell'integrazione degli attori locali:

Tabella 5. Azioni multi-stakeholder per inserire il SIAL nel comune di Venezuela. Elaborazione personale

FASI	Azioni	Responsabile	Risorse	Data
Determinarli forme di produzione e attori di filiera, richiedenti innovazione	Scambio con autorità politiche e governative per l'analisi delle basi produttive con lo scopo di potenzialità per l'implementazione del SIAL.	CUM-CAM	Banche dati del Agricoltura	1a quindici giorni di febbraio 2018.
	Riunioni scambio e sensibilizzazione con gli indirizzi delle basi produttive per il implementazione di SIAL.	CUM-CAM	Documenti SIAL	Seconda metà di febbraio
	Applicazione di strumenti diagnostici.	CUM	Strumenti per la diagnosi (intervista alle donne, gruppo di donne, gruppo di donne, gruppo di donne).	

Definitivi /Consigli popolari e PMG e facilitarne il funzionamento.	Formazione dei GAL in base ai loro interessi e alle loro esigenze, sulla base dei diversi attività che eseguire.	Amministrazione comunale CUM.	discussione CUM, CAM e Agricoltura e la attori locali (Governo, Università, industria produttivo con particolare attenzione a CCS, UBPC, UEB, CPA)	Workshop partecipativi, dialogo di conoscenza con gli agricoltori e i produttori.	Ottobre 2018
	Mappatura dell'ubicazione delle aziende agricole e dei leader in base a iGIAL si sono formati.	gruppo di facilitazione, GIAsL e CUM		Mappa del comune, database agricoli, mapinfo.	Ottobre 2018
		Soci gruppo di facilitazione, alizzazione di		Fiere	Novembre

buone pratiche dai GIAL	GIAL e CUM	agrodiversità, Scuole sul campo, Convivencias.	2018
Concertacionde spazi scambio tra produttori in aziende agricole e unità e centri di ricerca.	gruppo di facilitazione, GIAL e CUM	Workshop interattivo sulle buone pratiche. Convivencias. Sperimentazione partecipativa degli agricoltori	A novembre 2018
Co struzione e progettazione collettiva del piano d'azione e il piano annuale del piattaforma.	Amministrazione comunale, UNICA e gruppo di facilitazione e GIAL	oni di concertazione.	Riuni Dicembre 2019
Gestiondel conoscenza a funzione di interessi e esigenze produttori di	Gruppo di facilitazione, CUM GIAL	ricerca informazioni, prodotti comunicativi, colloqui, incontri con gli specialisti ,	Alla Permanente

i GIAL.			produttori o leader, scuola di agricoltore/i micro-sovvenzioni.	Permanente
Diagnosi per inda gine di nuove conoscenze.		l'Gruppo di facilitazione, UNICA e GIAL	Sondaggi, interviste, focus group.	
Elab orazione progetti per sviluppo locale	Elab	Amministrazione comunale, gruppo di facilitazione, UNICA e GIAL	Convocatoriasde progetti per sviluppo locale fonti da finanziamento per progetti sviluppo locale.	Prima metà del 2019
Creazione di spazi di scambio per la dibattiti, riflessioni per la formazione e formazione delle di apprendimento.	Grup po di	lalitatori e zone catalizzatori, UNICA, CAM.	Fiere e festival agroecologico, circolo di faciinteresse agricole, visite alle fattorie, creazione di progetti, spostamen to delle	Secondo il piano ale Annu attività

	Socializzazione dei risultati ottenuti nelle aree di apprendimento creato.	Gruppo di facilitatori e catalizzatori, UNICA, CAM, media comunicazione locale e provinciale.	donne rurali , movimento giovanile agricoltori, ecc. Prodotti di comunicazione, brochure, opuscoli e articoli scientifici.	Permanente
Creazione della piattaforma multi-stakeholder (PMG). Spazio gestione concertazione e articolista attori	Motivarli diversi attori del territorio al fine di forme a con piattaforma	CUM, ATAF, CITMA, MINAG	Prodotto comunicativo, brochure, articoli, tutorial.	Marzo 2018
	Selezione del attori locali a far parte della piattaforma.	CUM, ATAF, CITMA, MINAG	Scam bio con attori. Lavoro di gruppo per determinare i ruoli.	Scam Febbraio 2018
	Legalizza zione del piattaforma.	CAM-CUM	Media audiovisivi. Schizzo biografico di delCAM	2° incontro

	Approvazione da parte del CAM della piattaforma		i membri	Giugno 2018
Creare il team assistente alla facilitazione	Definizione di metodologia di funzionamento.	I membri	Documento metodologico di funzionamento della piattaforma	Settembre-Ottobre 2018
	Spedizione con autorità politiche e	CAM e UNICA	Prodotti di comunicazione	Febbraio 2018
	Riunioni di scambio e sensibilizzazione con PMG, GDL, CAM.	CAM e UNICA	Consegna di prodotti di comunicazione complementari, materiale di supporto sul SIAL	Marzo 2018
	Socializzazione di SIAL nel contesto comunale.	Soci UNICA, TV avilena, ETECSA, Governo comunale.	Nota informativa Trasmissioni televisive e Spott promozionali. Media da Comunicazione locale e provinciale (Radio Surco, Radio Sabana laMar , Periodico	Febbraio 2018

Attività	Attori	Prodotti di comunicazione	Data
Socializzazione e diffusione delSIAL attraverso organizzazioni masse politiche	Organizzazioni politiche e di massa, CUM, UNICA.	Invader, Prodotti di comunicazione	Settembre 2018
Conformaciondel gruppo di fattori abilitanti e catalizzatori che favoriscono la	Amministrazione comunale e UNICA	Workshop partecipativi, dialogo di conoscenza con gli agricoltori e i produttori.	Febbraio 2018
Selezione Attori locali attori locali da inserire nella seconda edizione del corso di diploma	CUM-CAM e MINAG	Materiali da Diploma	Ener ode 2019
Se guito e valutazione degli attori locali inseriti nella seconda edizione del corso di diploma	CUM-CAM e MINAG	Dinamiche di gruppo e aggi soddisfazione.	Ener sond ode 2019
Riconciliare le due cose	Identificare nel gruppo	CUM e	Gruppi di discussione,	A partire da

		facilitazione/catalizzatore		sca	Settembre 2018
richieste locali con le politiche y com unale sviluppo agricolo. Esist enza di richieste locali e la loro risposta attraverso strategie di sviluppo locale.	I gruppi di lavoro CAM e MINAG, gli spazi di loro proprietà opportunità che permettono di identificare richieste (sensibilizzazione parti interessate -CCS, UBPC e CPA; approccio di equità)		mbi e dibattiti.		
	Promuovere workshop di scambio per conciliardichieste della strategia con queste identificazioni nel contesto della produttivo.	Gruppo di facilitazione, UNICA e GIAL	Gruppi di discussione, mbi e dibattiti.	sca	
	Visitare e scambiare le esperienze prod uttori avanzati in processi	Gruppo di facilitazione, diUNICA e GIAL	Contesto produttivo di azione.		

39

innovazione locale o imprenditorialità locale. Gen eracionde spazi per socializzazione dell'esperienza accumulat a e della buone pratiche.	Amministrazione comunale, gruppo di facilitazione, UNICA e GIAL	Visita riferimenti agro-ecologici, scambio tra produttori, fiere, festival, mostre, prodotti di comunicazione, workshop, concorsi.	Co Secondo il piano dell'evento
Partecipa a vari eventi convocati dai organizzazioni masse, politica, ANAP, ATAF, MINAGRI, CITMA, FMC, UJC.	Amministrazione comunale, Gruppo di facilitazione, UNICA e GIAL	nvocatoriasa eventi di base, comunale, provinciale, naz ionale internazionale.	
Sca mbio di	Amministrazione comunale, Fiera della diversità		Secondo il piano

esperienze con produttori (a) di altri comuni, comuni avilenos, provinciali e internazionali.	Gruppo di facilitazione, UNICA e GIAL	internazionale a Fiere provinciali e locali.	annualmente da attività
Diffusione di funzionamento, i risultati e gli impatti delSIAL nel territorio.	Mezzi di Comunicazione locale provinciale (Radio SabanalaMar, RadioSurco, giornaleInvader, programmaPunto di vista di Giro e ETECSA).	Prodotti per la ecomunicazione, spott televisione e radio.	Permanente
Sistematizzazione di buone pratiche.	Gruppo di facilitazione, UNICA, governo comunale, GIAL	Note informative, relazioni esecutive, libri, articoli prodotti scientifici, comunicativi, tutorial.	
Confeccionde audiovisivi, tutorial e materiali	Gruppo di facilitazione, UNICA, governo comunale, GIAL,CUM	Audiovisivi e materiali di supporto.	

41

di sostegno per contenere le prove di ogni azione multi-stakeholder.			
Pubblicazione di articoli scientifici in riviste ad alto impatto e sottoposte a revisione	CUM, UNICA, GIAL	Riferimenti da buone pratiche e materiali di supporto.	
Intervista produttori-capi che si distinguono per le loro buone pratiche in Avila TV.	GIAL, CUM, Amministrazione comunale.	Prove di buone prati che in produttori leader.	
Pianificazione delle strategie di sviluppo agropecuario locale da trovare all'indirizzo. Motivazione, workshop sensibilizzazione degli attori locali.	Amministrazione comunale, gruppo di facilitazione, UNICA e GIAL	Prodotti comunicativi, esposizione di risultati, fiere, concorsi, workshop.	Dicembre 2018
Si tiene conto dei cicli di gestione del SIAL. Diagnosi di ambiente produttivo, sociale e ambientale.	Amministrazione comunale, gruppo di facilitazione, UNICA e GIAL	Sondaggio, intervista e focus group.	

Mappatura dei livelli di percezione dei problemi, delle pot enzialità e delle richieste.	Amministrazione comunale, Gruppo di facilitazione, UNICA e GIAL	Sondaggio, intervista e focus group.
Dise nodo alità azione.	Gruppo di facilitazione, UNICA e GIAL mod	Workshop, tecniche NOPS; gruppi di discussione.
Socializzazione di funzionamento e risultati della GIALalcontesto comunale.	Mez zi di comunicazione locale e provinciale (Radio InvasiveFurrow Programma Punto de Giro e ETECSA).	Non informativo, Spot televisivi e radiofonici,

Affinché l'innovazione nel comune venezuelano sia mantenuta e sostenibile, è necessario che gli attori che compongono la piattaforma agiscano come ossigenatori dei GIAL, in quanto costituiscono la cellula fondamentale dello sviluppo locale.

Questo permetterà a produttori, attori e decisori di essere protagonisti attivi delle principali trasformazioni che si generano nella località e che si esprimono nell'alimentazione quotidiana dei venezuelani, in modo tale che si sentano soddisfatti e motivati a identificarsi con la loro località.

Conclusioni

1. La diagnosi e la caratterizzazione del sistema agricolo del comune di Venezuela, nella provincia di Ciego de Avila, ha mostrato che esso possiede un potenziale dal punto di vista sociale, economico-produttivo e ambientale per promuovere lo sviluppo endogeno sostenibile del territorio, tuttavia l'inadeguata integrazione tra gli attori locali causa la stagnazione dello sviluppo locale.

2. La predominanza di sistemi di relazioni tra gli attori locali basati sulla verticalità provoca un indebolimento nella formazione di reti di conoscenza e un flusso costante di informazioni nel Sistema Innovativo Locale.

3. È stato progettato un programma di sviluppo locale per affrontare le principali sfide del territorio in relazione alle basi produttive selezionate, tenendo conto delle loro potenzialità e debolezze, e un piano d'azione multisettoriale per l'attuazione del SIAL nel comune di Venezuela. Entrambi si basano sulla cultura della partecipazione e assumono i principi di partecipazione, dialogo e scambio di conoscenze per produrre sviluppo locale.

Raccomandazioni

Lo studio esplorativo condotto sui contesti agricoli e di innovazione della municipalità del Venezuela ci ha permesso di suggerire che è necessario:

S Socializzare tra gli attori locali le esperienze acquisite nell'elaborazione del programma e del piano di azioni   multi-stakeholder per la
Implementazione del SIAL nella municipalità del Venezuela.

S Affinché il SIAL nel comune sia efficace e si possano vedere i progressi, sarà necessario determinare gli indicatori che permetteranno di misurarne il funzionamento.

L'attuazione del SIAL nel comune di Venezuela dovrebbe avere come massima espressione il cambiamento di paradigma nelle relazioni sociali che porta al progresso nella produzione alimentare, nella generazione di posti di lavoro con inclusione e nella promozione di alimenti sani da una produzione sostenibile su basi agro-ecologiche, con adattabilità al cambiamento climatico, attraverso interazioni, flussi di conoscenza, apprendimento, trasferimento di tecnologia, generando benefici nel settore agricolo e altri.

Bibliografia

Altieri (1994). L'agroecosistema: determinanti, risorse e processi. Edizione 2011-2012.CD del Corso di Laurea in Scienze della Formazione, specialità Agronomia. Piano D. Materiale bibliografico.

Consiglio dell'amministrazione del comune di Venezuela (2018). Progetto di sviluppo globale (PDI) del comune di Venezuela.

Cepeda, M.; Nates Parra, G. e Tellez, G. (2008). La commercializzazione dei prodotti della melipicoltura in Colombia. Atti. V Congresso mesoamericano sulle api senza pungiglione. Merida, Yucatan, pag. 36.

Da Silva, C. I.; Gomes, N.; Correia, L. e Garofalo, C.A (2012).L'importanza della diversità vegetale nel mantenimento dell'ape impollinatrice, Eulaemanigrita (Hymenoptera: Apidae) nei campi di frutti della passione. Rev. Biol. Trop. (Int. J. Trop. Biol. ISSN-0034- 7744) Vol. 60 (4), pp.1553-1565.

Direccion Provincial de Planificacion Fisica (2015). Esquema Provincial de Ordenamiento Territorial hasta el 2030 de la provincia Ciego de Avila. Formato stampato.

Fawaz, M.J. e Vallejos, R C. (2008).Costruire la partecipazione cittadina a livello locale. L'esperienza dei piccoli produttori agricoli della provincia di Nuble. Revista Theoria, Vol. 17 (1), pp. 19-32.

Linee guida della politica economica e sociale del Partito e della Rivoluzione (2011), pagg. 26-28.

La O et al. (2017). Buone pratiche per l'innovazione agricola locale. Un approccio partecipativo alla gestione dello sviluppo. Edizioni INCA. ISBN 978-9597023-93-7.

Leal et al. (2016). L'ape Meliponabeecheiibennet nelle aree protette della regione occidentale di Cuba. Articolo scientifico in Revista Forestal Baracoa Vol. 35, Numero speciale 2016. ISSN: 2078-7235.

Morrissey, J. (2000), Indicatori di partecipazione dei cittadini: lezioni dai gruppi di apprendimento nelle comunità rurali EZ/EC. CommunityDevelopmentJournal Vol. 35, No.1, pp. 5974.

Nates-Parra, G. (2001). Le api senza pungiglione (Hymenoptera: Apidae: Meliponini) della Colombia. Biota Colombiana 2 (3), pp. 233-248.

Nates-Parra, G. (2005).Manejo Integrado de Plagas y Agroecologia (Costa Rica) No.

75, p. 7-20. Nunez, J. (2014). Università, conoscenza, innovazione e sviluppo locale. L'Avana: Felix Varela.

Ortiz, R; La O, Manuel e Miranda, Sandra (2017). Curso Sistema de Innovacion Agropecuario Local: conformacion y formulacion. Testo di supporto al diplomatico per l'implementazione del Sistema di Innovazione Agropecuario Locale. Mayabeque: Ediciones INCA. ISBN 978-959-7023-906 ONEI 2015.

Ortiz, et al. (2017). Costruire una cultura della partecipazione. Sistema de Innovacion Agropecuario Local: Texto de apoyo al diplomado para la implementacion del Sistema de Innovacion Agropecuario Local. Mayabeque: Ediciones INCA ISBN 978-959-7023-906.

Ufficio nazionale di statistica e informazione (2012). Censimento della popolazione e delle abitazioni. L'Avana. ONEI.

Ufficio nazionale di statistica e informazione (2012). Anuario Estadistico. L'Avana. Recuperato da http://www.onei.cu.

Romero etal. (2017). Verso una gestione partecipativa dello sviluppo locale. Texto de apoyo al diplomado para la implementacion del Sistema de Innovacion agropecuario Local. Mayabeque: Ediciones INCA ISBN 978-959-7023-906.

Vazquez, A.(2004).Sviluppo endogeno e globalizzazione. Revista Eure. Volume XXVI (79), Santiago del Cile.

Allegati

Allegato 1. Tabella che mostra la disponibilità di macchinari per basi di produzione.

Moduli produttivi	Unità produttiva	Trattore in gomma	Attrezzi agricoli				Area assegnata (Ha)
			Preparazione del terreno	Semina e cure culturali	Raccolta	Mezzi di trasporto	
CCS	Capitan San Luis	2	3	0	0	0	
	El Vaquerito	4	2	0	0	0	
	Niceto Perez	1	2	0	0	0	
CPA	1 gennaio	8	6	3	1	2	
	Hector Diaz	7	5	1	1	3	
Settore commerciale	Bufali UEB	4	3	0	1	2	
	UEBAcope	1	0	0	0	0	
	Maiali UEB	3	0	0	0	2	
	UEB Silvicola	2	0	0	0	2	

	Cubasoy	55	32	72	0	40	
	UEB Integrale	7	4	3	0	1	
UBPC	3 ottobre.	3	17	0	0	1	
Persone Naturale	3 ottobre	17	126	15	1	146	1127.86
	CCS Vaquerito	73					
	CCS Capitan San Luis	18					
	CCS Niceto Perez	11					
	CCS NestorBonachea	1					
	CCS Pedro Martinez Brito	1					
	CPA El Vaquerito	1					
	CPA Hector Diaz	8					
	CPA Ramon Dominguez de la Pena	1					
Altro	Direzione comunale del CNCT	1	0	0	0		
Totale		228	228	200	94	4	199

Allegato 2.

Interviste alle donne

Obiettivo: valutare la posizione delle donne venezuelane nell'attuale contesto agricolo, in termini di ruolo, accesso a prodotti e servizi, auto-miglioramento e processo decisionale.

1. Tipo di lavoro svolto da donne e uomini e ruolo svolto (riproduttivo, produttivo o comunitario).

2. Posizioni ricoperte da donne e uomini (esplorare il consiglio di amministrazione e i ruoli all'interno della cooperativa).

3. Se ricevono una stimolazione, quale e quale ricevono.

4. A quali decisioni della cooperativa partecipano le donne e a quali gli uomini?

5. Vengono soddisfatte le esigenze pratiche delle donne (servizi igienici nei siti di produzione, vestiti e scarpe di dimensioni adeguate per le donne, strumenti di lavoro adatti alle donne, orari delle riunioni, ecc.)

6. Sono previste attività ed eventi di formazione? A quali partecipano donne e uomini? Chi controlla le risorse e gli input principali della cooperativa?

Allegato 3

GRUPPO DI DISCUSSIONE (Governo, CUM, responsabili dell'agricoltura.

Obiettivo: identificare il livello di conoscenza degli attori locali nel contesto agricolo.

1. Quali sono le principali produzioni agricole dei comuni di intervento?
2. Esiste una strategia di sviluppo comunale? Qual è il posto dello sviluppo agricolo nella strategia? Qual è il ruolo dell'amministrazione comunale?
3. Quali sono le azioni proposte da questi comuni per raggiungere lo sviluppo agricolo?
4. Quali sono i principali attori della produzione agricola in questi comuni? Quali altri attori dovrebbero essere incorporati e perché?
5. Gli attori sono articolati o lavorano sulla base di obiettivi e agende proprie?
6. Il modello di sviluppo agricolo proposto dai comuni d'azione è sostenibile? Perché?
7. Che tipo di agricoltura attuate (su base agro-ecologica?).
8. Come valuterebbe il livello di sostenibilità del modello e delle tecnologie implementate e perché?
9. Secondo lei, quali sono i principali gap di sostenibilità (economica, sociale, tecnologica e ambientale) del sistema produttivo prevalente?

Allegato 4

Gruppo di discussione degli stakeholder locali (governo, università, settore produttivo con particolare attenzione a CCS, UBPC, UEB, CPA)

Obiettivo: identificare il livello di conoscenza degli attori locali nel contesto agricolo.

1. Esiste uno spazio di consultazione nel comune? Chi vi partecipa? Con quale frequenza?
2. Esistono strategie, programmi e progetti agricoli per promuovere lo sviluppo locale? Identificare le linee strategiche.
3. Identificare la corrispondenza tra le priorità dell'innovazione agricola locale e i risultati dell'innovazione.
4. Effettuare una breve analisi dei principali dispositivi produttivi locali (mini-industria, banca dei semi, biogas, biodigestori, artigianato locale, tra gli altri) presenti nel comune.
5. Identificare le azioni promosse nel comune per lo sviluppo agricolo.
6. Identificare le lacune che limitano lo sviluppo agricolo.
7. Esemplificate come funziona il sistema che promuove lo sviluppo agricolo: come avviene la partecipazione, il protagonismo collettivo e il dialogo della

conoscenza?

8. Quali sono gli spazi di scambio che si articolano con la Rete della conoscenza e dell'innovazione per lo sviluppo del comune di azione? Come è strutturata? Come funziona? Citate i principali risultati in campo agricolo.

9. Quali sono le principali fonti di finanziamento esistenti nel comune per promuovere lo sviluppo locale?

10. Quale potenziale per la gestione della conoscenza è stato identificato nei comuni di azione: centri di insegnamento e di ricerca, altri attori dell'innovazione nel comune (anche se non fanno parte di reti di conoscenza e innovazione).

11. Quali conoscenze rilevanti sono state prodotte in questi comuni? Quali conoscenze tradizionali esistono nel comune? ^Come vengono distribuite e utilizzate?

12. Esistono forme di formazione per gli attori dello sviluppo agricolo locale come questa nei comuni in cui si opera?

13. Ritenete pertinente e necessaria l'attuazione di forme di formazione per gli attori locali dello sviluppo agricolo nella vostra provincia? A chi è rivolta? Come potrebbe contribuire allo sviluppo agricolo locale?

14. Chi chiamereste per motivare l'idea e quali sono i passi da compiere per realizzarla?

Printed by Books on Demand GmbH, Norderstedt / Germany